Ricettario Gelato Fatto In Casa

50 ricette facili e deliziose

Francesco Lettieri

Tutti i diritti riservati.

Disclaimer

Le informazioni contenute in i intendono servire come una raccolta completa di strategie sulle quali l'autore di questo eBook ha svolto delle ricerche. Riassunti, strategie, suggerimenti e trucchi sono solo raccomandazioni dell'autore e la lettura di questo eBook non garantirà che i propri risultati rispecchino esattamente i risultati dell'autore. L'autore dell'eBook ha compiuto ogni ragionevole sforzo per fornire informazioni aggiornate e accurate ai lettori dell'eBook. L'autore e i suoi associati non saranno ritenuti responsabili per eventuali errori o omissioni involontarie che possono essere trovati. Il materiale nell'eBook può includere informazioni di terzi. I materiali di terze parti comprendono le opinioni espresse dai rispettivi proprietari. In quanto tale, l'autore dell'eBook non si assume alcuna responsabilità per materiale o opinioni di terzi. Che sia a causa del progresso di Internet o dei cambiamenti imprevisti nella politica aziendale e nelle linee guida per l'invio editoriale, ciò che è dichiarato come fatto al momento della stesura di questo documento potrebbe diventare obsoleto o inapplicabile in seguito.

L'eBook è protetto da copyright © 2021 con tutti i diritti riservati. È illegale ridistribuire, copiare o creare lavori derivati da questo eBook in tutto o in parte. Nessuna parte di questo rapporto può essere riprodotta o ritrasmessa in qualsiasi forma riprodotta o ritrasmessa in qualsiasi forma senza l'autorizzazione scritta espressa e firmata dell'autore.

RICETTE GELATO

Sorbetto al Kiwi

Sorbetto al limone e miele

Sorbetto Daiquiri al Lime

Sorbetto al lime

Sorbetto Al Mandarino

Sorbetto allo sciroppo d'acero

GELATOS

Gelato di crema

Gelato al pistacchio

Gelato al cioccolato amaro

Gelato variegato ai lamponi

Gelato al limone

Gelato tutti frutti

Gelato al caffè

Gelato al kumquat

Gelato all'amaretto alle mandorle

Gelato di farina d'avena e cannella

GRANITAS

Granita di anguria

Granita alla lavanda

Granita al cioccolato fondente

Granita Limone e Lime

Pina Colada Granita

Pomodoro, Peperoncino e Vodka Granita

INTRODUZIONE

Anche il pensiero del gelato è sufficiente per evocare
sogni di soleggiate giornate di fine settimana che oziano
nel cortile, corrono attraverso l'irrigatore e si prendono
una pausa dal caldo con una deliziosa sorpresa
ghiacciata. Mentre le cose acquistate in negozio sono

belle, non è difficile fare una partita di gelato denso e davvero ricco senza spendere troppo.

Se non hai mai provato a preparare questo dolce dessert prima d'ora, potresti rimanere sorpreso da quanto sia facile. Anche se ci vuole un po 'di pianificazione, la maggior parte del tuo tempo sarà speso a lasciarlo raffreddare o congelare. Spesso puoi montare insieme una buona base di gelato in meno di mezz'ora. Quindi tutto ciò che devi fare è raffreddarlo, dargli un po 'di tempo in una migliore gelatiera e lasciarlo congelare. Quello che ottieni per tutto quel "lavoro" è un dessert incredibilmente delizioso che ha un ottimo sapore e ha esattamente i sapori e gli ingredienti che desideri! Vorresti che il tuo gelato con gocce di cioccolato preferito avesse più gocce di cioccolato? Può! Vorresti che il tuo gelato alla banana preferito non avesse le noci? Dipende tutto da te adesso.

Il gelato fatto in casa è anche un ottimo modo per trattare gli ospiti. Niente è spettacolare come tirare fuori il gelato a base di frutti di bosco freschi o menta dal giardino. E il gelato si sposa bene con molti altri dessert estivi e ricette di dessert senza cottura. È anche necessario per preparare deliziosi panini con gelato fatti in casa. Dai un'occhiata a 48 delle nostre ricette di gelato preferite!

GELATO

Gelato alle mandorle e cioccolato all'uvetta

L'uvetta ricoperta di cioccolato in questa ricetta aggiunge interessanti pezzetti gommosi a un semplice gelato al gusto di mandorle.

Circa 6 porzioni
PREPARAZIONE 5 MINUTI
CUCINA 5 ORE
Il tempo di cottura include 4-5 ore di congelamento.

ingredienti

- 25 g di mandorle sbollentate
- Cartone da 284 ml di panna doppia, refrigerata
- 250 g di yogurt naturale a basso contenuto di grassi, refrigerato
- 6 cucchiai rasi di zucchero a velo
- $\frac{1}{2}$ cucchiaio di estratto di mandorle
- 100 g di uvetta al cioccolato al latte

Indicazioni

Tritate finemente le mandorle. Metterli in una piccola padella e tostarli, mescolando di tanto in tanto, fino a doratura (attenzione a non farli diventare troppo marroni e bruciare). Trasferiscili in un piatto e lasciali raffreddare.

Versare la panna in una caraffa e aggiungere lo yogurt. Setacciare lo zucchero a velo sulla panna e lo yogurt e aggiungere l'estratto di mandorle. Con una frusta, mescolare fino a che liscio

Copri e lascia raffreddare per 20-30 minuti. Versare il composto nella gelatiera e congelare secondo le istruzioni.

Aggiungere l'uvetta al cioccolato e le mandorle tostate durante l'ultimo minuto o due di zangolatura. Trasferire in un contenitore adatto e congelare fino al momento del bisogno.

Nutrizione

Calorie 261

Total Fat 14ggrams

Carboidrati totali 32ggrams

Fibra dietetica 2.3ggrams

Zuccheri 26ggrams

Proteine 2,7 g

Gelato all'amaretto

Non può essere molto più semplice di così: solo tre ingredienti producono una consistenza vellutata e un delizioso sapore di mandorla amara. Mi piace servirlo così com'è (magari con degli amaretti extra), con le pere sciroppate, con la crostata di pere tiepida o con qualsiasi dolce a base di albicocche.

Circa 6 porzioni
Preparazione: 10 minuti
Aggiuntivo: 2 ore 20 minuti
Totale: 2 ore. 30 minuti

ingredienti

- Crema pasticcera pronta in cartone da 500g, refrigerata
- 250 g di yogurt greco naturale, refrigerato
- 115 g di amaretti o amaretti

Indicazioni

Versare la crema pasticcera e lo yogurt in una caraffa capiente e, con una frusta, mescolare bene.

Schiaccia i biscotti all'amaretto in briciole fini (usa un robot da cucina o un frullatore o semplicemente

inseriscili in un sacchetto di plastica e schiaccia
delicatamente con un mattarello).

Mescolare le briciole di biscotti nella miscela di crema
pasticcera e yogurt.

Versare il composto nella gelatiera e congelare secondo le
istruzioni. Trasferire in un contenitore adatto e
congelare fino al momento del bisogno.

Nutrizione
237,4 calorie
Proteine 1,4 g
Carboidrati 17,6 g
Grassi 17 g

Gelato Mela e Menta

Questo ghiaccio rinfrescante è anche buono con alcuni pezzi di cioccolato o barretta di carruba mescolati appena prima del congelamento al passaggio 5.

Tempo: 35 minuti + zangolatura
Circa 4-6 porzioni
ingredienti

- Vasetto da 475 g di salsa di mele Due
- Cartone da 250 ml di panna di soia, refrigerata
- Circa 4 cucchiai di gelatina di menta
- Zucchero semolato dorato (facoltativo)

Indicazioni

Versare la salsa di mele in una brocca grande e aggiungere la panna di soia. Incorporare la gelatina di menta. Coprire e conservare in frigorifero per circa 30 minuti o fino a quando non si sarà raffreddato bene.

Mescolare bene e assaggiare, aggiungendo ulteriore gelatina di menta o un po 'di zucchero se necessario. Versare il composto nella gelatiera e congelare secondo le istruzioni.

Trasferire in un contenitore adatto e congelare fino al momento del bisogno.

Nutrizione
Kcals 45
Grassi 0,1 g
Carboidrati 11,6 g
Proteine 0,1 g

Apple Pie à la Mode

La torta di mele si serve al meglio con una generosa pallina di gelato alla vaniglia sul lato. Questa ricetta mette il sapore della torta di mele direttamente nel gelato, senza bisogno di piecrust. Il sidro di mele è ridotto a una consistenza densa e sciropposa, abbastanza concentrata da infondere molto sapore di mela in ogni boccone di gelato. Come il gelato alla vaniglia, questo sapore è delizioso anche se servito con una fetta di torta di mele calda.

Tempo di preparazione: 20 min
Tempo di cottura 1 h 20 min
Per 8 porzioni

ingredienti

- 2 tazze di sidro di mele
- $\frac{1}{2}$ tazza di zucchero di canna, confezionato
- $\frac{1}{4}$ di tazza di zucchero semolato
- $\frac{1}{2}$ cucchiaino di cannella in polvere
- $\frac{1}{4}$ di cucchiaino di pimento macinato
- $\frac{1}{4}$ di cucchiaino di zenzero macinato
- 1 cucchiaino di estratto di vaniglia
- 1 tazza di latte intero
- 2 tazze di panna

Indicazioni
Portare il sidro a ebollizione in una piccola casseruola a fuoco medio e ridurlo a $\frac{1}{2}$ tazza, per circa 20

minuti. Togliere dal fuoco e aggiungere lo zucchero di canna, lo zucchero semolato, la cannella, il pimento, lo zenzero e la vaniglia, mescolando fino a quando lo zucchero si è sciolto. Unisci lo sciroppo di sidro di mele con latte e panna.

Raffreddare a temperatura ambiente, quindi coprire e conservare in frigorifero fino a quando non si è raffreddato bene, 3-4 ore o durante la notte. Versare la miscela fredda in una gelatiera e congelare come indicato.

Trasferisci il gelato in un contenitore adatto al congelatore e mettilo nel congelatore. Lasciar rassodare per 1 o 2 ore prima di servire.

Nutrizione

398 calorie
14 g di grassi
69 g di carboidrati (59 g di zuccheri, 2 g di fibre)
3 g di proteine

Gelato al formaggio e mele

Se sei un fanatico di QUALSIASI tipo di cheesecake, questo sarà assolutamente fantastico! Questo è perfetto per quei caldi giorni autunnali. È un alimento di transizione perfetto. Lo adorerai!

Tempo di preparazione: 5 minuti
Tempo di cottura: 10 minuti
Tempo di congelamento: 3 ore e 30 minuti
Tempo totale: 3 ore e 45 minuti
Porzioni: 6 persone

ingredienti

- 5 mele da cucina, sbucciate e private del torsolo
- 2 tazze di ricotta, divise
- 1 tazza mezza e mezza, divisa
- 1/2 tazza di burro di mele, diviso
- 1/2 tazza di zucchero semolato, diviso
- 1/2 cucchiaino di cannella in polvere
- 1/4 cucchiaino di chiodi di garofano macinati
- 2 uova

Indicazioni

Tagliare le mele in dadi da 1/4 di pollice; mettere da parte. Nel frullatore o nel robot da cucina, unire 1 tazza di ricotta , 1/2 tazza metà e metà, 1/4 tazza di burro di mele, 1/4 tazza di zucchero, cannella, chiodi di garofano e un uovo. Frulla fino a ottenere un composto omogeneo. Versare in una ciotola capiente.

Ripeti con la ricotta rimanente, metà e metà, il burro di mele e l'uovo. Unire con il composto precedentemente frullato. Mescolare le mele tritate. Versare nella vaschetta del gelato. Congelare nella gelatiera secondo le indicazioni del produttore.

Nutrizione
Calorie 394
Grassi 33 g
Carboidrati 25g
Zucchero 18 g
Proteine 3g

Gelato Di Soia Albicocca

Questo è altrettanto buono fatto con composta di ciliegie, rabarbaro o pesche. Servitela con biscotti croccanti come la ratafias o l'amaretto.

Circa 6–8 porzioni
TEMPO TOTALE: 3 ORE, 30 MINUTI
TEMPO DI PREPARAZIONE: 30 MINUTI
TEMPO DI COTTURA: 3 ORE

ingredienti

- Composta di albicocche vasetto 600g
- 4 cucchiai di miele chiaro
- Due cartoni da 250 ml di panna di soia, refrigerata
- 2 cucchiai di liquore all'albicocca o alle mandorle (facoltativo)

Indicazioni

Versare la composta di albicocche in una brocca grande e aggiungere il miele. Incorporare gli altri ingredienti.

Coprire e conservare in frigorifero per circa 30 minuti o fino a quando non si sarà raffreddato bene. Versare il composto nella gelatiera e congelare secondo le istruzioni.

Trasferire in un contenitore adatto e congelare fino al momento del bisogno.

Nutrizione
Calorie: 259
Grassi: 12,2 g
Carboidrati: 36,0 g
Zucchero: 29,8 g
Proteine: 3,3 g

Gelato alla noce d'acero

Le noci aggiungono una bella croccantezza e delicatezza a questa ricetta, ma è il puro sciroppo d'acero che è chiaramente il protagonista di questo cremoso gelato alle noci d'acero. Insieme alle noci tritate, puoi aggiungere i fiocchi d'acero al gelato, dandogli un po 'di croccantezza in più e ancora più sapore di acero. Questo è un gelato fantastico da servire con una mela croccante, un calzolaio o una torta, o gustarlo con un filo di sciroppo d'acero. Puoi anche usare più fiocchi d'acero o noci come guarnizione.

Preparazione: 30 minuti

Cottura: 35 minuti

Aggiuntivo: 3 ore

Totale: 4 ore 5 minuti

Porzioni: 8

Resa: 5 tazze

ingredienti

- 2 tazze di panna
- $\frac{3}{4}$ tazza di latte
- 1 $\frac{1}{4}$ tazze di sciroppo d'acero di grado A del Vermont
- $\frac{3}{4}$ tazza di noci in pezzi

Indicazioni

Versare il composto nella ciotola della gelatiera e congelare. Si prega di seguire il manuale di istruzioni del produttore.

Nutrizione

487,1 calorie

Proteine 6,9 g

Carboidrati 46,1 g

Grassi 32,5 g

Gelato alla banana e al frutto della passione

Questo è un modo meraviglioso per consumare quelle banane veramente mature con la buccia nera. Anche il frutto della passione dovrebbe essere maturo: cerca le bucce rugose.

Circa 6 porzioni
Tempo totale: 3 ore. 20 min
Prep 20 min
Cuocere 0 min

ingredienti

- 3 o 4 banane mature, circa 400 g di peso totale sbucciato
- 2 frutto della passione
- Crema pasticcera in cartone da 425 g
- 1 cucchiaio di miele chiaro
- 1 cucchiaio di succo di limone
- $\frac{1}{2}$ cucchiaio di estratto di vaniglia

Indicazioni

Sbucciate le banane e rompetele in un robot da cucina o in un frullatore. Taglia a metà il frutto della passione e, con un cucchiaio, raccogli i semi e il succo direttamente nel robot da cucina.

Aggiungere gli ingredienti rimanenti e ridurre in purea (i semi del frutto della passione dovrebbero rimanere interi). Versare la miscela in una brocca grande, coprire e conservare in frigorifero per almeno 30 minuti o fino a quando non si sarà raffreddata bene.

Versare il composto nella gelatiera e congelare secondo le istruzioni. Trasferire in un contenitore adatto e congelare fino al momento del bisogno.

Nutrizione
210 calorie
3 g di proteine
6 g di fibre

Gelato alla banana e cioccolato bianco

Sano gelato alla banana e cioccolato con un pizzico di burro di arachidi, un delizioso piatto estivo vegano . È assolutamente fantastico!

Per 5 tazze

ingredienti

- 3 tazze di panna da montare, divise
- 1 tazza mezza e mezza
- 3/4 di tazza di zucchero semolato
- 4 uova grandi
- 8 once di cioccolato bianco, sciolto
- 1 1/2 libbra (circa 4) banane molto mature
- 3 cucchiai di succo di limone fresco

Indicazioni

Portare 1 tazza di panna, metà e metà e lo zucchero a cuocere a fuoco lento in una casseruola media pesante, mescolando di tanto in tanto. Sbatti i tuorli in una ciotola media. Sbattere nella miscela di panna calda. Rimettere il composto nella casseruola e mescolare a fuoco medio-basso finché la crema pasticcera non si addensa e ricopre il cucchiaio (circa 5 minuti); non bollire.

Filtrare in una ciotola grande. Aggiungere il cioccolato bianco; sbatti fino a che non sia ben amalgamato. Mescolare le restanti 2 tazze di panna. Mettete in frigorifero fino a quando non sarà freddo

Pelare e affettare le banane. Purea di banane con succo di limone. Mescolare la purea nella crema pasticcera. Trasferire la crema pasticcera nella gelatiera e lavorare secondo le istruzioni del produttore.

Nutrizione

Calorie: 166 kcal
Carboidrati: 30 g
Proteine: 2 g
Grassi: 7 g
Fibra: 4g
Zucchero: 17 g

Gelato all'amarena

Delizioso gelato alla ciliegia! È una favolosa tonalità scura di magenta e ha un sapore aspro che i bambini (e gli adulti) adoreranno.

Tempo di preparazione: 10 minuti

Tempo passivo: 30 minutiPorzioni-12

ingredienti

- 2 tazze di amarene mature, snocciolate
- 2/3 di tazza di zucchero semolato
- 1 1/4 tazze di panna montata, montata
- Succo di limone, facoltativo

Indicazioni

Schiacciare leggermente le ciliegie con lo zucchero in una ciotola. Incorporare la panna, quindi assaggiare il composto e aggiungere altro zucchero o un po 'di succo di limone, se necessario. Versare il composto nel contenitore. Coprire e congelare fino a quando non si rassoda, sbattendo bene dopo 1 ora e 1/2.

Circa 30 minuti prima di servire, trasferire il gelato in frigorifero. Servire con amaretti.

Nutrizione

140 Cal

21 g di carboidrati

6 g di grassi

Gelato ai fiori di sambuco e more

Questo ghiaccio è di un colore così carino e, se riesci a mettere le mani su dei rovi freschi, il sapore sarà spettacolare. È delizioso anche a base di lamponi. Puoi anche servirlo con un po 'di cordiale ai fiori di sambuco in più spruzzato sopra.

Circa 6 porzioni
Tempo di preparazione 20 minuti
Tempo di cottura 5 minuti
Tempo totale 25 minuti

ingredienti

- 225 g di more 1 cucchiaio di zucchero
- Cartone da 284 ml di panna doppia, refrigerata
- 8 cucchiai di cordiale ai fiori di sambuco
- Panna da montare in cartone da 142 ml, refrigerata

Indicazioni

Mettete le more in un pentolino e aggiungete lo zucchero. Scaldare delicatamente, mescolando di tanto in tanto, fino a quando il succo non fuoriesce dalla frutta e il composto inizia a bollire. Cuocere a fuoco lento per 2-3 minuti fino a quando le more sono molto morbide. (In alternativa, mettere le more e lo zucchero in una ciotola adatta e cuocere a microonde su Alta per 2-3 minuti o fino a quando la frutta è molto morbida.)

Premere il composto di more al setaccio e scartare i semi. Lasciare raffreddare la purea, quindi coprire e conservare in frigorifero per circa 30 minuti o fino a quando non si sarà ben raffreddata.

Nel frattempo versare la doppia panna in una caraffa, aggiungere lo sciroppo di fiori di sambuco e mescolare fino a che liscio. Copri e lascia raffreddare per 20-30 minuti.

Mescolare la purea di more nella miscela di fiori di sambuco fino a ottenere un composto omogeneo. Versare la panna montata in una ciotola e frullare fino a formare picchi morbidi.

Incorporare delicatamente la panna montata nella miscela di more.

Versare il composto nella gelatiera e congelare secondo le istruzioni. Trasferire in un contenitore adatto e congelare fino al momento del bisogno.

Nutrizione

32 Cal

1 g di carboidrati

Gelato Mirtillo E Vaniglia

Usa i rovi se riesci a prenderli, per il loro sapore intenso. Si accompagna bene alla torta di mele calda o alla torta di mele.

Circa 6 porzioni

ingredienti

- 175 g di mirtilli, sciacquati e scolati
- 40 g di zucchero semolato o semolato
- Cartone da 284 ml di panna da montare, refrigerata
- 1 cucchiaio di estratto di vaniglia
- 225 g di crema pasticcera pronta, refrigerata

Indicazioni

Mettere i mirtilli in un pentolino e cospargere di zucchero. Scaldare delicatamente, mescolando di tanto in tanto, fino a quando il sugo non fuoriesce dai mirtilli e arriva a ebollizione. Cuocere a fuoco lento per 2-3 minuti fino a quando la frutta è molto morbida.

Premere la miscela di mirtilli attraverso un setaccio e scartare i semi. Lasciare raffreddare la purea, quindi conservare in frigorifero fino a quando non si sarà raffreddata.

Versare la crema in una caraffa capiente e frullare fino a quando non si sarà sufficientemente addensata da formare dei nastri sulla superficie (non dovrebbe formare punte). Incorporare la vaniglia, la crema pasticcera e la purea di more.

Versare il composto nella gelatiera e congelare secondo le istruzioni.

Trasferire in un contenitore adatto e congelare fino al momento del bisogno.

Nutrizione
150 Cal
19 g di carboidrati
7 g di grassi
2 g di proteine

SHERBET E SORBETTI

Sorbetto all'Ananas Di Avocado

- 2 tazze di polpa di avocado frullata
- 1 tazza di zucchero semolato
- 1 tazza di ananas schiacciato
- 1/3 di tazza più 1 cucchiaio di succo di limone
- 3/4 tazza di latte
- 1/4 cucchiaino di sale
- 2 albumi d'uovo
- 1/4 tazza di zucchero semolato

In una ciotola unite lo zucchero, l'ananas e il succo di limone; mescolate fino a quando lo zucchero si sarà sciolto. Unisci la polpa di avocado e il latte. Mescolare bene. Aggiungere la miscela di zucchero e l'avocado; mescolare bene. Aggiungere il sale agli albumi; sbattere fino a formare picchi morbidi. Inizia ad aggiungere 1/4 di tazza di zucchero, 1 cucchiaio alla volta, continuando a sbattere. Sbattere fino a quando tutto lo zucchero è stato aggiunto e gli albumi sono ben sodi. Piegare gli albumi nella miscela di avocado; cucchiaio nel vassoio del congelatore o in una padella. Congelare fino a quando non è quasi duro.

Mettere nel frullatore o nel mixer e frullare delicatamente fino a ottenere una consistenza del sorbetto. Servire subito.

Sorbetto all'arancia rossa

- 1/3 di tazza di zucchero semolato
- 1 tazza d'acqua
- 2 tazze di succo d'arancia sanguigna filtrato
- 2 cucchiaini di succo di limone fresco
- 2 cucchiaini di scorza di arancia rossa finemente grattugiata
- 2 cucchiai di liquore all'arancia o vodka (facoltativo)
- 3 albumi d'uovo grandi, sbattuti a neve ben ferma

Unire lo zucchero e l'acqua in una piccola casseruola e scaldare fino a quando lo zucchero si è sciolto e il composto è chiaro.

Rimuovere e raffreddare.

In una ciotola di vetro, unire lo sciroppo di zucchero freddo, il succo d'arancia, il succo di limone, la scorza e il liquore. Mescolare bene, quindi incorporare gli albumi con un movimento alternato. Continua a piegare fino a quando non rimangono strisce di albume nella miscela. Versare il composto in una gelatiera e congelare fino a quando non si solidifica, secondo le istruzioni del produttore.

Rende circa 1 1/2 pinte

Sorbetto ai mirtilli

- 2 pinte di mirtilli freschi raccolti ma non lavati (800 g.)
- 2 1/2 tazze di zucchero (500 g)
- Succo di 2 limoni
- 11/4 tazze d'acqua fredda (3 dl.)

Frullare le bacche con lo zucchero, il succo di limone e l'acqua. Versare nella gelatiera e congelare secondo le istruzioni - fino a che liscio e congelato. Per preservare il sapore della frutta, servire lo stesso giorno.

Sorbetto di melone

- 1 busta di gelatina non aromatizzata
- 1/2 tazza di latte
- 3 tazze di melone a cubetti
- 1 tazza di sciroppo di mais leggero

In una piccola casseruola, cospargere la gelatina sul latte. Mescolare a fuoco basso fino a quando non si scioglie. Mettere nel contenitore del frullatore con melone e sciroppo di mais; copertina. Frulla ad alta velocità per 30 secondi. Versare in una teglia quadrata da 9 pollici. Copertina; congelare durante la notte.

Ammorbidire leggermente a temperatura ambiente, per circa 10-15 minuti. Cucchiaio in una ciotola grande. Con il mixer a bassa velocità, sbattere fino a che liscio, ma non sciolto. Versare in uno stampo da 4 tazze o in un contenitore per congelatore. Copertina; congelare per circa 4 ore o fino a quando non si solidifica. Sformare o ammorbidire a temperatura ambiente per una più facile raccolta. Fa circa 4 tazze.

Cheesecake Sherbet

- 1 tazza di zucchero semolato
- 2 tazze di latticello
- 1 cucchiaino di scorza di limone grattugiata
- 1/4 tazza di succo di limone

Mescolare tutti gli ingredienti fino a quando lo zucchero non si sarà sciolto. Versare in un congelatore per gelato da 1 litro. Congelare secondo le indicazioni del produttore.

Resa: 8 porzioni

Sorbetto al pepe di C itrus

- 3 peperoncini di cera gialla, gambi e semi rimossi, tritati
- 1 3/4 tazze d'acqua
- 1 1/4 tazza di zucchero
- 3 arance grandi, sbucciate con gli spicchi rimossi dalla membrana divisoria
- 2 cucchiai. rum scuro
- 4 cucchiai. succo di limone o lime fresco
- 3 cucchiai. sciroppo di mais dietetico

In padella unire 1 1/4 tazze di acqua con lo zucchero. Riscaldare fino a quando lo zucchero si dissolve. Portare a ebollizione, togliere dal fuoco e raffreddare a temperatura ambiente. Mettete in frigorifero per 2 ore.

Frullare gli ingredienti rimanenti con 1/2 tazza d'acqua. Mettete in frigorifero per 2 ore.

Mescolare la miscela di zucchero nella frutta e congelare secondo le istruzioni.

Sorbetto al succo di mirtillo rosso

Il sapore aspro di mirtillo rosso rende questa parte particolarmente rinfrescante.

- 3 tazze più 6 cucchiai di succo di mirtillo rosso in scatola o in bottiglia
- $\frac{1}{2}$ tazza più 1 cucchiaio di sciroppo semplice

Mescola il succo di mirtillo rosso e lo sciroppo semplice.

Versare il composto nella ciotola della gelatiera e congelare. Si prega di seguire il manuale di istruzioni del produttore.

Sorbetto al Kiwi

Il bel colore verde si abbina alla tonalità rosata di un sorbetto alla fragola, piacevole sia alla vista che al palato

- 8 kiwi
- 1 tazza e 1/3 di sciroppo semplice
- 4 cucchiaini di succo di limone fresco

Pelate i kiwi. Frullare in un robot da cucina. Dovresti avere circa 2 tazze di purea.

Incorporare lo sciroppo semplice e il succo di limone. Versare il composto nella ciotola della gelatiera e congelare. Si prega di seguire il manuale di istruzioni del produttore.

Sorbetto al limone e miele

- $\frac{1}{2}$ tazza di acqua calda 2/3 tazza di miele
- 1 cucchiaio di scorza di limone grattugiata
- 1 tazza di succo di limone fresco
- 2 tazze di acqua fredda

Mettere nella ciotola l'acqua calda, il miele e la scorza. Mescola finché il miele non si dissolve. Incorporare il succo di limone e l'acqua fredda.

Versare il composto nella ciotola della gelatiera e congelare. Si prega di seguire il manuale di istruzioni del produttore

Nel I secolo l'imperatore Nerone mandava in montagna dei corridori per la neve che veniva poi aromatizzata con miele, succhi e polpe di frutta.

Quando Marco Polo tornò dall'Estremo Oriente alla fine del 1200, aveva una ricetta per un dessert gelato che includeva il latte negli ingredienti, che sembrava assomigliare a un sorbetto moderno.

Sorbetto Daiquiri al Lime

Fa 1 quarto di gallone britannico

- 2 1/2 tazze di succo di lime fresco (da 10 a 12 lime grandi)
- Scorza grattugiata di 3 lime
- 1 tazza e 1/3 di zucchero semolato
- 1 tazza di rum
- 1/2 tazza d'acqua

Lavora tutti gli ingredienti in un frullatore o in un robot da cucina dotato di lama di metallo. Congelare in una gelatiera, seguendo le istruzioni del produttore.

Sorbetto al lime

- 3 tazze d'acqua
- 1 1/4 tazza di zucchero semolato
- 3/4 tazza di sciroppo di mais leggero
- 2/3 tazza di succo di lime fresco (4 lime grandi o 6 lime medie)
- Spicchi di lime per guarnire (facoltativo)

Unire l'acqua con lo zucchero e lo sciroppo di mais in una casseruola pesante. Mescolare a fuoco alto per sciogliere lo zucchero.

Portare ad ebollizione. Abbassate il fuoco a temperatura moderata e lasciate bollire per 5 minuti senza mescolare.

Togliete dal fuoco e lasciate raffreddare a temperatura ambiente.

Aggiungi il succo di lime. Versare in una terrina di metallo e mettere in congelatore fino a quando non si solidifica. Mettere le fruste nel congelatore per raffreddare.
Rimuovere la miscela di lime dal congelatore. Spezzalo con un cucchiaio di legno. Batti a bassa velocità fino a quando non si formano grumi. Restituire al congelatore fino a quando non si rassoda. Ripeti con le fruste scheggiate

Il sorbetto si manterrà nel congelatore a consistenza morbida per settimane. Il succo di limone può essere sostituito con il succo di lime e può essere aggiunto colorante alimentare verde.
L'aspetto chiaro e pulito del sorbetto al lime senza coloranti con una decorazione di spicchi di lime è bellissimo.

Produce da 4 a 6 porzioni

Sorbetto Al Mandarino

- Cinque lattine da 11 once di mandarini confezionati in sciroppo leggero, 1 tazza di zucchero superfino
- 3 cucchiai di succo di limone fresco

Scolare le arance e riservare 2 tazze di sciroppo. Frulla le arance in un robot da cucina. Incorporare lo sciroppo riservato, il succo di limone e lo zucchero.

Versare il composto nella ciotola della gelatiera e congelare. Si prega di seguire il manuale di istruzioni del produttore.

Sorbetto allo sciroppo d'acero

- 1 1/3 di tazza di sciroppo d'acero di grado A del Vermont
- 2 tazze d'acqua

Unisci lo sciroppo d'acero e l'acqua. Versare il composto nella ciotola della gelatiera e congelare. Si prega di seguire il manuale di istruzioni del produttore.

GELATOS

Gelato di crema

Questo gelato italiano più semplice è fatto con crema pasticcera e crema di uova cotte e può essere utilizzato come base per quasi tutti gli altri gusti di gelato. È delizioso anche da solo.

- 2 1/2 tazze di panna leggera
- 5 tuorli d'uovo
- 1/2 tazza di zucchero superfino

Riscaldare la crema finché non inizia a bollire, quindi raffreddare leggermente.

In una grande ciotola resistente al calore, sbattere i tuorli e lo zucchero fino a ottenere una consistenza densa e cremosa. Sbattere delicatamente la panna fresca nelle uova.

Metti la ciotola sopra una pentola di acqua bollente e mescola con un cucchiaio di legno fino a quando la crema pasticcera non ricopre appena il dorso del cucchiaio. Togli la ciotola e lasciala raffreddare.

Quando la crema pasticcera è completamente raffreddata, versarla in una gelatiera e lavorare secondo le indicazioni del produttore o utilizzare il <u>metodo di miscelazione manuale</u> . Smetti di agitare quando è quasi sodo, trasferisci in un contenitore per congelatore e lascia in freezer per 15 minuti prima di servire, o fino a quando non sarà necessario.
È meglio consumarlo fresco, ma può essere congelato fino a 1 mese. Sfornare almeno 15 minuti prima di servire per ammorbidire leggermente.

Rende circa 1 1/4 pinte

Gelato al pistacchio

Questo è davvero il gelato da sogno di un amante delle noci, soprattutto se fai la variante alle noci.

- 2 tazze di pistacchi sgusciati
- poche gocce di puro estratto di mandorle
- poche gocce di puro estratto di vaniglia
- 1 ricetta <u>gelato di crema</u>

Mettete a bagno i pistacchi sgusciati in acqua bollente per 5 minuti, poi scolateli e strofinateli con un panno pulito. Macina le noci fino a ottenere una pasta in un frullatore o in un robot da cucina con poche gocce ciascuna di mandorle e estratto di vaniglia, aggiungendo solo poca acqua calda per creare una purea liscia. Prepara il gelato base o una delle sue varianti. Mescolare la purea nel gelato, assaggiare e aggiungere qualche goccia in più di uno o di entrambi gli estratti, se necessario, a piacere.
Versare in una gelatiera e lavorare secondo le indicazioni del produttore o in un contenitore per congelatore e utilizzare il <u>metodo di miscelazione manuale</u> . Smetti di agitare quando è quasi sodo, trasferisci in un contenitore per congelatore e lascia in freezer per 15 minuti prima di servire, o fino a quando non sarà necessario.
Un gelato ricco di noci come questo non dovrebbe essere congelato per più di un paio di settimane. Toglierlo dal

congelatore 15 minuti prima di servire per ammorbidire
leggermente.

Rende circa 1 1/2 pinte

Gelato al cioccolato amaro

Proprio come dovrebbe essere un buon gelato al cioccolato: fondente, amaro e liscio!

- 2 1/2 tazze di latte intero
- 7 oz. cioccolato fondente, spezzettato
- 5 tuorli d'uovo
- 1/4 tazza di zucchero di canna chiaro
- 1 tazza di panna montata, montata

Scaldare metà del latte in una padella con il cioccolato fino a quando non sarà sciolto e liscio, mescolando di tanto in tanto. Mettere da parte a raffreddare. Portare il resto del latte quasi a ebollizione. In una grande ciotola resistente al calore, sbatti i tuorli e lo zucchero fino a renderli densi, quindi aggiungi gradualmente il latte caldo. Mettere la ciotola su una pentola di acqua bollente e mescolare con un cucchiaio di legno fino a quando la crema pasticcera non ricopre appena il dorso del cucchiaio. Togliete dal fuoco e mettete da parte per far raffreddare completamente.
Una volta raffreddato, unire la crema pasticcera e il cioccolato al latte, quindi incorporare la panna montata. Versare in una gelatiera e lavorare secondo le indicazioni del produttore o versare in un contenitore per congelatore e utilizzare il metodo di miscelazione manuale . Agitare solo per 15-20 minuti o finché non si rassoda. Trasferire nel congelatore e congelare per 15 minuti prima di servire o fino a quando richiesto.

Questo gelato dalla consistenza densa è meglio consumarlo fresco, ma può essere congelato fino a 1 mese. Sfornare almeno 15 minuti prima di servire per ammorbidire leggermente.

Rende circa 2 1/2 pinte

Gelato variegato ai lamponi

Quando i lamponi sono al loro meglio, goditi questo gelato dai colori vivaci che esplode di fresco sapore dolce.

- 4 tazze di lamponi freschi
- 1/4 tazza di zucchero superfino
- 1 cucchiaino. succo di limone
- 1 ricetta <u>gelato di crema</u>

Estrarre 1/4 di tazza di lamponi e schiacciarli brevemente. Mettere da parte. Mescola le bacche rimanenti, lo zucchero e il succo di limone. Passa al setaccio. Mettere da parte 4 cucchiai di purea per raffreddare.
Prepara la ricetta base del gelato di crema. Incorporare la purea di lamponi alla crema pasticcera raffreddata. Agitare o congelare come prima fino a quando non è quasi sodo.
Trasferite il gelato in un contenitore ermetico e aggiungete alternativamente cucchiai della purea di frutta riservata e dei lamponi schiacciati, in modo che il composto si increspi mentre lo servite. Congelare per 15 minuti o fino a quando richiesto.
Questo gelato può essere congelato per circa 1 mese. Togliete dal congelatore almeno 15 minuti prima di servire per ammorbidire, perché la frutta intera può rendere difficile il servizio.

Rende circa 1 1/4 pinte

Gelato al limone

Si tratta di un gelato delicatamente al limone, perfetto da gustare con frutta fresca.

- 1 ricetta <u>gelato light</u>
- 2 limoni non cerati

Preparare il gelato light base e incorporare la scorza dei limoni finemente grattugiata e almeno 1/2 tazza di succo di limone.

Versare in una gelatiera e lavorare secondo le istruzioni del produttore o utilizzare il <u>metodo di miscelazione manuale</u> . Smetti di agitare quando è quasi sodo, trasferisci in un contenitore per congelatore e lascia in freezer per 15 minuti prima di servire, o fino a quando non sarà necessario.

È meglio consumarlo fresco, ma può essere congelato fino a 1 mese. Togliere dal congelatore 15 minuti prima di servire per ammorbidire leggermente.

Rende circa 1 1/4 pinte

Gelato tutti frutti

Aggiungi un tripudio di colori e sapori a un semplice gelato e crea il tuo capolavoro.

- 1 ricetta <u>gelato di crema</u>
- 1 tazza di frutta candita, cristallizzata o glassata tritata (ciliegie, ananas, scorza di agrumi, zenzero)

Preparare il gelato base e agitare fino a quando non sarà parzialmente congelato. Mescola la frutta che preferisci e congela fino a quando non sarà necessario.
Anche se è meglio consumarlo fresco, questo gelato può essere congelato fino a 1 mese. Togliere dal congelatore 15 minuti prima di servire per ammorbidire leggermente.

Rende circa 1 1/2 pinte

Gelato al caffè

Questo è il gelato perfetto dopo cena con un po 'di panna montata e magari un goccio di liquore versato sopra!

- 1 1/4 tazza di panna leggera
- 5 tuorli d'uovo
- 1/2 tazza di zucchero superfino
- 1 cucchiaino. puro estratto di vaniglia
- 1 tazza e 1/4 di caffè espresso extra forte appena preparato

Riscaldare la crema fino a quando inizia a bollire, quindi raffreddare leggermente.
In una grande ciotola resistente al calore, sbattere i tuorli, lo zucchero e la vaniglia fino a ottenere una consistenza densa e cremosa. Incorporare la panna calda e il caffè, quindi posizionare la ciotola su una pentola di acqua bollente. Mescola costantemente con un cucchiaio di legno finché la crema pasticcera non ricopre appena il dorso del cucchiaio.
Togli la ciotola dal fuoco e lascia raffreddare. Quando è completamente raffreddato, versare in una gelatiera e lavorare secondo le indicazioni del produttore, oppure utilizzare il metodo di miscelazione manuale . Smetti di agitare quando è quasi sodo, trasferisci in un contenitore per congelatore e lascia in freezer per 15 minuti prima di servire, o fino a quando non sarà necessario.

Questo gelato è delizioso fresco, ma può essere congelato fino a 3 mesi. Togliere 15 minuti prima di servire per ammorbidire leggermente.

Gelato al kumquat

L'aggiunta di questo agrume dolce e appiccicoso, in stile marmellata, conferisce uno spessore insolito al gelato.

- 2 tazze di kumquat affettati
- 2 cucchiai. rum scuro o succo d'arancia
- 3 cucchiai. zucchero di canna chiaro
- 2-3 cucchiai. acqua calda
- 1 ricetta gelato di crema

Cuocere i kumquat in una piccola padella con il rum, lo zucchero di canna e l'acqua calda. Lasciarli bollire delicatamente finché non diventano dorati e siropposi. Togliere dal fuoco. Mettete da parte 2 cucchiai di frutta sciroppata se volete decorare con essa il gelato. Freddo.
Preparare il gelato base e incorporare la frutta raffreddata prima di mescolare. Questa miscela richiederà solo circa la metà del normale tempo di congelamento.
Completare con la frutta riservata quando si serve. Questo gelato può essere conservato fino a 1 mese nel congelatore. Ricordatevi di toglierlo 15 minuti prima di servire per farlo ammorbidire leggermente.

Gelato all'amaretto alle mandorle

Per 6 porzioni

- 4 tazze di panna
- 5 tuorli d'uovo
- 1 tazza di zucchero semolato
- 1 tazza di mandorle sbollentate schiacciate
- 1 cucchiaio di liquore all'amaretto

Versare la panna in una casseruola e scaldare delicatamente.

Sbattere i tuorli e lo zucchero insieme fino a ottenere un composto chiaro e cremoso. Sbattere 2 cucchiai di panna calda nel composto di uova, quindi incorporare la panna rimanente, mezzo bicchiere alla volta.

Versare a bagnomaria o in una ciotola adagiata su una pentola di acqua bollente e cuocere a fuoco dolce, mescolando continuamente per 15-20 minuti, finché il composto non ricopre il dorso di un cucchiaio. Raffreddare la miscela, quindi raffreddare.

Versare la miscela fredda in una gelatiera e agitare secondo le istruzioni del produttore. Mentre la paletta gira, aggiungere le mandorle e l'Amaretto, congelare il gelato per una notte. Mettere in frigorifero circa 20 minuti prima di servire.

Gelato di farina d'avena e cannella

Fa circa 1 litro

- Base gelato vuota
- 1 tazza di avena
- 1 cucchiaio di cannella in polvere

Preparare la base vuota secondo le istruzioni.

In una piccola padella a fuoco medio, unire l'avena e la cannella. Tostare, mescolando regolarmente, per 10 minuti o finché non sono dorati e aromatici.

Per infondere, aggiungere la cannella tostata e l'avena alla base appena si spengono dal fuoco e lasciare in infusione per circa 30 minuti. Utilizzando un colino a rete posto su una ciotola; filtrare i solidi, premendo per assicurarsi di ottenere la maggior quantità possibile di crema aromatizzata. Potrebbe fuoriuscire un po 'di polpa d'avena, ma va bene, è delizioso! Riserva i solidi di farina d'avena per la ricetta della farina d'avena!

Perderai un po 'di miscela per assorbimento, quindi la resa su questo gelato sarà leggermente inferiore al solito.

Conserva la miscela in frigorifero per una notte. Quando sei pronto per fare il gelato, frullalo di nuovo con un frullatore ad immersione fino a ottenere un composto omogeneo e cremoso.

Versare in una gelatiera e congelare secondo le istruzioni del produttore. Conservare in un contenitore ermetico e congelare per una notte.

GRANITAS

Granita di anguria

- 3 tazze di purea di anguria (circa 1 pezzo da 3/4 libbre)
- 1/2 tazza di zucchero superfino
- 2 cucchiaini. puro estratto di vaniglia
- succo di 1 pompelmo rosa o rosso

Mescolare la purea di anguria con gli altri ingredienti. Lascia raffreddare per 1 o 2 ore, mescolando di tanto in tanto per assicurarti che lo zucchero si dissolva.

Versare in un contenitore per congelatore e congelare fino a quando non è quasi sodo. Mescola con una forchetta per rompere i cristalli. Rimettere nel congelatore e ricongelare di nuovo fino a quando non sarà quasi sodo.

Rimuovere, rompere in cristalli belli e uniformi e servire in graziosi bicchieri da cocktail.

Rende circa 1 1/4 pinte

Granita alla lavanda

Le graziose teste di lavanda rosa-viola producono questo straordinario ghiaccio d'acqua dal gusto delicatamente profumato.

- 2 cucchiai. teste di lavanda fresca
- 1/2 tazza di zucchero superfino
- 1 tazza di acqua bollente
- 1 tazza di acqua fredda
- 2 cucchiaini. succo di limone
- 2 cucchiaini. succo d'arancia

Mettere le teste di lavanda e lo zucchero in una ciotola e aggiungere l'acqua bollente. Mescolate bene, poi coprite e lasciate raffreddare completamente.
Filtrare, quindi aggiungere l'acqua fredda e i succhi di frutta. Versare in un contenitore per congelatore e congelare fino a quando non è quasi sodo, rompendo con una forchetta una volta durante il congelamento. Poco prima di servire, rompere di nuovo con una forchetta in bei cristalli uniformi.
Il sapore di questo delicato ghiaccio scomparirà presto, quindi mangiatelo il prima possibile.

Fa circa 1 pinta

Granita al cioccolato fondente

Se non hai mai provato un gelato al cioccolato prima d'ora, sei pronto per una sorpresa! È come mangiare una barretta congelata di cioccolato sbriciolato, sicuramente per i golosi.

- 2 1/2 tazze d'acqua
- 3/4 di tazza di zucchero di canna scuro
- 1/2 tazza di cacao amaro in polvere, setacciato
- 3 cucchiai. sciroppo di mais dietetico
- 1/2 tazza di cioccolato bianco, a scaglie, grattugiato o tritato finemente, più altro per la decorazione

Riscaldare delicatamente l'acqua, lo zucchero di canna, il cacao e lo sciroppo di mais fino a quando non si saranno amalgamati. Mescolate delicatamente fino a ottenere un composto omogeneo. Mettere da parte per raffreddare completamente.
Incorporare il cioccolato bianco. Versare in un contenitore per congelatore e congelare fino a quando non si è quasi sodo, mescolando e rompendo una volta durante il congelamento. Poco prima di servire, spezzettare di nuovo per ottenere una bella consistenza granulosa.
Per servire, versare nelle ciotole e spolverare con altro cioccolato bianco.

Rende circa 1 1/2 pinte

Granita Limone e Lime

Assaggia il composto prima di metterlo nella gelatiera in modo da poter regolare la nitidezza della frutta o la dolcezza dello zucchero secondo i tuoi gusti.

Circa 6 porzioni

- 2 limoni
- 2 lime
- 150 g di zucchero semolato dorato

Spremi il succo di limoni e lime in una grande brocca. Aggiungere lo zucchero e 300 ml / $\frac{1}{2}$ pinta di acqua.

Coprite e mettete in frigorifero per circa 30 minuti o fino a quando lo zucchero non si sarà sciolto e il composto sarà ben raffreddato.

Versare il composto nella gelatiera e congelare secondo le istruzioni. Non appena iniziano a formarsi cristalli di ghiaccio, trasferiscili in un contenitore poco profondo.

Congelare fino a formare uno spesso strato di grandi cristalli di ghiaccio attorno ai bordi.
Usando una forchetta, rompi il ghiaccio in pezzi più piccoli e mescolali al centro del contenitore.

Congelare di nuovo ripetendo i passaggi 4 e 5 fino a quando il composto non assomiglia a un croccante ghiaccio tritato.

Pina Colada Granita

Resa: 6 porzioni

- 2 1/2 tazze di ananas, in cubetti da 1/2 pollice
- 1 lattina (12 once) di crema di cocco
- 1/2 tazza di succo di lime fresco
- 1/2 tazza di succo d'arancia fresco
- 3 cucchiai di rum scuro
- 2 cucchiai Triple Sec

Lavorando in lotti, lavora l'ananas in un robot da cucina per 15 secondi. Trasferisci in una ciotola capiente. Mescolare la crema di cocco, il succo di lime, il succo d'arancia, il rum e il Triple Sec.

Coprite con pellicola trasparente e mettete in freezer per una notte.

Lavorando in lotti, frullare la miscela congelata in un robot da cucina 10 volte, quindi lavorare fino a che liscio, circa 90 secondi.

Coprire e congelare per 2 ore o fino a quando non si rassoda.

Pomodoro, Peperoncino e Vodka Granita

Circa 4 porzioni

- Vasetto da 250g salsa di pomodoro di buona qualità con peperoncino
- Vodka
- 2 manciate di foglie di sedano tritate

Rovescia il barattolo di salsa in un contenitore per congelatore poco profondo.

Riempi a metà il barattolo di vodka e rabbocca fino al bordo con acqua fredda. Aggiungere il composto alla salsa e mescolare.

Incorporare le foglie di sedano, riservandone un po 'per guarnire. Mescolare fino a quando ben combinato. Congelare per circa 5 ore fino a quando non si solidifica, mescolando le aree congelate dai bordi al centro del contenitore circa ogni ora, se possibile.

Circa 30 minuti prima di servire, rompere il composto con una forchetta. Rimetti la miscela croccante nel congelatore per 30 minuti.

Versare nei bicchieri e servire subito, guarnito con foglie di sedano.

Granita alla menta verde

Questo ghiaccio d'acqua meravigliosamente aromatico è delizioso dopo i piatti speziati come detergente per il palato o come bevanda rinfrescante in una giornata calda. Oppure servilo come frappé del dopocena.

- 1 1/2 tazze (12 fl oz) di acqua bollente
- 8 rametti di menta fresca (preferibilmente raccolta all'inizio della giornata o utilizzata subito dopo l'acquisto)
- 3/4 di tazza di zucchero superfino
- 1 tazza e mezzo di acqua ghiacciata
- 2 cucchiai. foglie di menta fresca tritate finemente
- colorante alimentare verde (opzionale)
- rametti di menta per guarnire (facoltativo)

Versare l'acqua bollente sui rametti di menta e lo zucchero in una ciotola e lasciare raffreddare, mescolando di tanto in tanto. Aggiungere l'acqua ghiacciata e raffreddare.
Filtrare il liquido in un contenitore per congelatore e incorporare la menta tritata (aggiungere qualche goccia di colorante alimentare verde se lo si desidera). Congelare fino a quando non si è parzialmente congelato, quindi mescolare con una forchetta per rompere i cristalli. Rimettere nel congelatore e ricongelare fino a

quando non è quasi sodo. Rimuovere e mescolare con una forchetta per rompere in cristalli belli e uniformi. Servire in bicchieri alti ghiacciati, con altri rametti di menta se lo si desidera.

Rende circa 1 1/4 pinte

Granita al caffè

Questo è un forte ghiaccio d'acqua al caffè nero temperato con un po 'di dolcezza e sormontato da un vortice di crema di nocciola.

- 3 tazze di caffè nero molto forte appena fatto
- 1/3 di tazza di zucchero superfino
- 1/4 cucchiaino. puro estratto di vaniglia
- 1 tazza di acqua, refrigerata
- 1 tazza di panna da montare
- 2 cucchiai. nocciole tostate

Mescola il caffè caldo, lo zucchero e la vaniglia insieme. Lasciate raffreddare mescolando di tanto in tanto fino a quando lo zucchero non si sarà sciolto. Aggiungere l'acqua fredda e versare in un contenitore per congelatore.
Congela fino a quando non diventa fangoso. Rompi leggermente con una forchetta, quindi continua a congelare fino a quando non si è quasi soda.
Macina finemente la maggior parte delle noci e schiaccia grossolanamente il resto. Montare la panna fino a renderla spumosa e incorporare le arachidi. Mettere in freezer per gli ultimi 15 minuti prima di servire.
Raffredda da 4 a 6 bicchieri alti. Togliete la granita dal freezer e spezzettatela con una forchetta. Riempi i bicchieri freddi con i cristalli di ghiaccio al caffè. Completare con un giro di panna ghiacciata e spolverare con un po 'di noci tritate. Ricongelare non più

di un'ora, quindi servire direttamente dal congelatore.**Rende circa 1 1/2 pinte**

GELATI A BASE DI ALCOL

Gelato Earl Grey all'albicocca

- 1 tazza (circa 6 once) di albicocche secche
- 1/3 di tazza più 2 cucchiai di zucchero semolato
- 2/3 di tazza d'acqua
- 1 tazza e mezza di latte
- 2 cucchiai di foglie di tè Earl Grey
- 1 tazza e mezzo di panna
- Pizzico di sale
- 4 tuorli d'uovo
- 1 cucchiaio di acquavite di albicocche o liquore all'arancia

In una piccola casseruola pesante, unire le albicocche, 2 cucchiai di zucchero e l'acqua. Portare a ebollizione a fuoco moderato. Abbassa la fiamma a un livello moderatamente basso e fai sobbollire, scoperto, finché le albicocche non sono tenere, da 10 a 12 minuti.

Trasferire le albicocche e l'eventuale liquido rimanente in un robot da cucina e frullare fino a che liscio, raschiando i lati della ciotola una o due volte. Mettere da parte.

In una casseruola pesante media, unire il latte e le foglie di tè. Riscaldare a fuoco basso fino a quando il latte è caldo. Togliete dal fuoco e lasciate in infusione per 5 minuti. Filtrare il latte attraverso un colino a maglia fine.

Rimettere il latte nella casseruola e aggiungere la panna, il restante 1/3 di tazza di zucchero e il sale. Cuocere a fuoco moderato, mescolando spesso con un cucchiaio di legno, fino a quando lo zucchero non si sarà completamente sciolto e la miscela sarà calda, da 5 a 6 minuti. Togli dal fuoco.

In una ciotola media, sbatti i tuorli fino a renderli omogenei. Montare gradualmente un terzo della panna calda in un filo sottile, quindi sbattere di nuovo il composto nella panna rimanente nella casseruola.

Cuocere a fuoco moderatamente basso, mescolando continuamente, finché la crema pasticcera non ricopre leggermente il dorso del cucchiaio, da 5 a 7 minuti; non far bollire.

Togliere immediatamente dal fuoco e filtrare la crema pasticcera in una ciotola media. Metti la ciotola in una ciotola più grande di ghiaccio e acqua. Lascia raffreddare la crema pasticcera a temperatura ambiente, mescolando di tanto in tanto.

Aggiungere la purea di albicocche riservata e il brandy fino a quando non si saranno amalgamati. Coprire e conservare in frigorifero finché non si raffredda, almeno 6 ore o durante la notte.

Versare la crema pasticcera in una gelatiera e congelare secondo le istruzioni del produttore.

Gelato al cioccolato e uvetta al rum

Porzioni: 4

- 1 tazza di panna da montare
- 1/2 tazza di uva passa ricoperta di cioccolato Brach
- 3/4 tazza di latte
- 1egg
- 2 cucchiaini di aroma al rum

In una piccola casseruola a fuoco medio, unire la panna montata e l'uvetta ricoperta di cioccolato. Mescola finché il cioccolato non si è sciolto. Togliere dal fuoco.

Mescolare nel latte, l'uovo e l'aroma. Freddo. Congelare secondo le indicazioni del produttore.

Gelato Al Burro Di Brandy

- 1/2 litro di panna da montare
- 1/4 pinta di latte
- 5 once di zucchero a velo
- 1 cucchiaio di estratto di vaniglia
- 5 cucchiai di brandy
- 3 once di burro non salato, ammorbidito

Versare la panna e il latte in una ciotola e sbattere insieme fino a che non si siano leggermente sodi. Mescolare lo zucchero, l'estratto di vaniglia, il brandy e il burro fino a che liscio. Versare in un contenitore per congelatore e congelare secondo le istruzioni del produttore fino a quando non si solidifica.

Pieno zeppo di gelato al cioccolato

- 3 once di cioccolato non zuccherato, tritato grossolanamente
- 1 (14 once) può latte condensato zuccherato
- 1 cucchiaino e mezzo di estratto di vaniglia
- 4 cucchiai di burro non salato
- 3 tuorli d'uovo
- 2 once di cioccolato semidolce
- 1/2 tazza di caffè nero forte
- 3/4 di tazza di zucchero semolato
- 1/2 tazza di panna leggera
- 1 cucchiaino e mezzo di rum scuro
- 2 cucchiai di crema di cacao bianca
- 2 tazze di panna
- 2 once di cioccolato non zuccherato, finemente grattugiato
- 1/4 cucchiaino di sale

A bagnomaria, sciogliere 3 once di cioccolato non zuccherato. Aggiungere il latte, mescolando fino a che liscio. Mescolare l'estratto di vaniglia e togliere dal fuoco.

Tagliare il burro in quattro pezzi uguali e aggiungerlo, un pezzo alla volta, mescolando continuamente fino a incorporare tutto il fondo. Sbattere i tuorli fino a quando diventano chiari e color limone.

Incorporare gradualmente la miscela di cioccolato e continuare a mescolare fino a ottenere un composto omogeneo e cremoso. Mettere da parte.

A bagnomaria, scaldare 2 once di cioccolato semidolce, caffè, zucchero e panna leggera. Mescola costantemente fino a che liscio. Mescolare il rum e la crema di cacao e lasciare raffreddare la miscela a temperatura ambiente.

Unisci le miscele di cioccolato, la panna, il cioccolato non zuccherato grattugiato e la stecca in una ciotola grande. Versare il composto nella bomboletta del gelato e congelare secondo le indicazioni del produttore.

Gelato al rum al cioccolato

- 1/4 di tazza d'acqua
- 2 cucchiai di caffè solubile
- 1 confezione di gocce di cioccolato semidolce (6 once)
- 3 tuorli d'uovo
- 2 once di rum scuro
- 1 tazza e mezzo di panna montata
- 1/2 tazza di mandorle a scaglie, tostate

In un pentolino mettete lo zucchero, l'acqua e il caffè. Sempre mescolando, portare a ebollizione e cuocere per 1 minuto. Mettere le gocce di cioccolato in un frullatore o in un robot da cucina e, con il motore acceso, versare lo sciroppo caldo e frullare fino a che liscio. Sbattere i tuorli d'uovo e il rum e far raffreddare leggermente. Unire il composto al cioccolato nella panna montata, quindi versare nei singoli piatti da portata o in un piatto bombato. Cospargere di mandorle tostate. Congelare.

Per servire togliere dal freezer almeno 5 minuti prima di servire.

Gelato Di Budino Di Natale

- Circa 6–8 porzioni
- Cartone da 284 ml di panna doppia, refrigerata
- Crema pasticcera pronta in cartone da 500g
- 2 cucchiai di brandy o rum
- Circa 225g / 8 oz Christmas pudding

Versare la crema in una brocca grande. Con una frusta, incorporare la crema pasticcera e il brandy / rum.

Coprire e conservare in frigorifero per circa 30 minuti o fino a quando non si sarà raffreddato bene.

Versare il composto nella gelatiera e congelare secondo le istruzioni.

Nel frattempo, sbriciolare o tritare il budino di Natale in pezzi molto piccoli, trasferirlo in un contenitore adatto e incorporare il budino sbriciolato.

Congelare fino a quando richiesto.

Gelato alla data

- 1/3 di tazza di datteri snocciolati tritati
- 4 cucchiai di rum
- 2 uova, separate
- 1/2 tazza di zucchero semolato
- 2/3 di tazza di latte
- 1 1/2 tazza di ricotta
- Scorza finemente grattugiata e succo di 1 limone
- 2/3 di tazza di panna montata
- 2 cucchiai di zenzero tritato finemente

Immergere i datteri nel rum per circa 4 ore. Mettete i tuorli e lo zucchero in una ciotola e sbattete fino a quando non saranno chiari. Scaldare il latte a ebollizione in una casseruola, quindi incorporare i tuorli d'uovo. Rimettere il composto nella padella sciacquata e cuocere a fuoco basso, mescolando continuamente, fino a quando non si sarà addensato. Lascia raffreddare, mescolando di tanto in tanto.

Lavorare la ricotta, la scorza di limone e il succo e il rum filtrato dai datteri insieme in un frullatore o in un robot da cucina fino a che liscio, quindi mescolare con la crema pasticcera. Versare il composto in un contenitore, coprire e congelare fino a quando non diventa compatto. Trasformare in una ciotola, sbattere bene, quindi incorporare la panna montata, i datteri e lo zenzero. Montare gli albumi in una ciotola finché non sono ben fermi ma non asciutti e incorporarli al composto di frutta. Versare la miscela nel contenitore. Coprire e congelare fino a quando non si rassoda.

Circa 30 minuti prima di servire, trasferire il gelato in frigorifero.

Per 6 persone.

Caffé irlandese

Il caffè irlandese si prepara addolcendo un caffè forte con un po 'di zucchero di canna, aggiungendo una spruzzata di whisky e facendo galleggiare uno spesso strato di crema sopra. Ottieni la giusta quantità di ogni elemento mentre sorseggi questa bevanda classica, diventata popolare nei primi anni '50, e otterrai tutti quei sapori in questa versione di gelato con i tasti.

- 1 tazza di latte intero
- 1 cucchiaio e mezzo di caffè istantaneo o caffè espresso in polvere
- λ ⅔ tazza di zucchero di canna, confezionata
- 1 uovo grande
- 3 tuorli d'uovo grandi
- λ¼ tazza di whisky irlandese
- ½ cucchiaino di estratto di vaniglia
- 2 tazze di panna

Unisci il latte, il caffè solubile e lo zucchero in una casseruola media. Cuocere a fuoco medio, mescolando per sciogliere lo zucchero, fino a quando il composto inizia a sobbollire.

Sbatti insieme l'uovo e i tuorli in una grande ciotola. Quando la miscela di latte inizia a sobbollire, togliere dal fuoco e versarla molto lentamente nella miscela di uova per temperarla mescolando costantemente. Quando tutto il composto di latte è stato aggiunto, rimettilo nella casseruola e continua a cuocere a fuoco medio, mescolando continuamente, finché il composto non si sarà abbastanza addensato da ricoprire il dorso di un cucchiaio, 2-3 minuti. Togliere dal fuoco e incorporare whisky, vaniglia e panna.

Raffreddare la miscela di latte a temperatura ambiente, quindi coprire e conservare in frigorifero fino a quando non si sarà ben raffreddata, 3-4 ore o durante la notte. Versare la miscela fredda in una gelatiera e congelare come indicato.

Trasferisci il gelato in un contenitore adatto al congelatore e mettilo nel congelatore. Lasciar rassodare per 1 o 2 ore prima di servire.

Gelato al rum e uvetta

Se il gelato viene congelato per più di un giorno, il rum lo mantiene abbastanza morbido da servire direttamente dal congelatore.

Circa 6-8 porzioni
- 85 g di uvetta
- 3 cucchiai di rum scuro
- Crema pasticcera in cartone da 450 g
- Cartone da 284 ml di panna doppia, refrigerata
- 2 cucchiai di zucchero semolato

Mettere l'uvetta in una piccola ciotola e spolverare con il rum. Coprite e lasciate riposare per alcune ore o, se il tempo lo consente, per tutta la notte.

Versare la crema pasticcera in una caraffa e aggiungere la panna e lo zucchero. Mescolare bene.

Raffredda la miscela in frigorifero per 20-30 minuti.

Mescolare l'uvetta e il rum nella miscela di crema pasticcera.

Versare il composto nella gelatiera e congelare secondo le istruzioni.

Trasferire in un contenitore adatto e congelare fino al momento del bisogno.

Gelato allo zafferano

- 1 tazza e mezza mezza e mezza
- 1 uovo
- 1/2 grammo di zafferano, tritato finemente
- Brandy
- 1/3 di tazza di zucchero

Mettete a bagno lo zafferano in una piccolissima quantità di brandy (quanto basta per coprirlo) per un'ora. Fai bollire l'uovo per 45 secondi esatti. Unire tutti gli ingredienti e conservare in frigorifero per mezz'ora. Quindi segui la solita procedura per la tua gelatiera (io l'ho fatto usando il modello più piccolo Donvier).

Serve circa 3 persone. Il sapore dello zafferano era molto pronunciato: non avresti voluto aumentare la quantità di zafferano da quanto sopra e probabilmente potresti cavartela con meno.

CPSIA information can be obtained
at www.ICGtesting.com
Printed in the USA
BVHW050803120521
607047BV00003B/325